Impressum
Verlag: BABADADA GmbH, Nedderfeld 112 , 22529 Hamburg
Geschäftsführer / Verlagsleitung: Harald Hof
Druck: Books on Demand GmbH, In de Tarpen 42, 22848 Norderstedt

Imprint
Publisher: BABADADA GmbH, Nedderfeld 112 , 22529 Hamburg, Germany
Managing Director / Publishing direction: Harald Hof
Print: Books on Demand GmbH, In de Tarpen 42, 22848 Norderstedt

sekoly
koulu

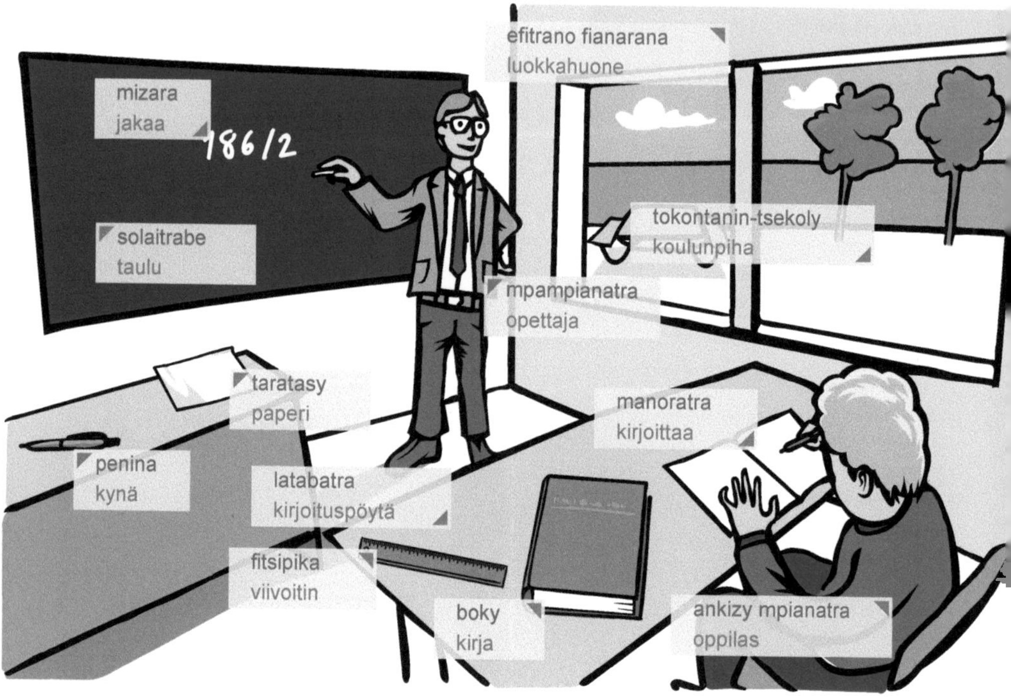
efitrano fianarana
luokkahuone
mizara
jakaa
186/2
solaitrabe
taulu
tokontanin-tsekoly
koulunpiha
mpampianatra
opettaja
taratasy
paperi
manoratra
kirjoittaa
penina
kynä
latabatra
kirjoituspöytä
fitsipika
viivoitin
boky
kirja
ankizy mpianatra
oppilas

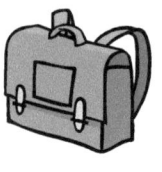

kitapo
reppu

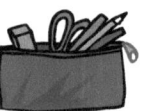

torosy
penaali

pensilihazo
lyijykynä

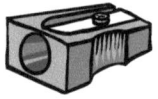

fandrangitana pensilihazo
kynänteroitin

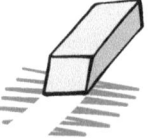

gaoma
pyyhekumi

karne fanaovana sary
piirustuslehtiö

sary

piirustus

borosy fandokoana

pensseli

boaty loko

vesivärit

hety

sakset

lakaoly

liima

kahie fampiasàna

harjoituskirja

enti-mody

kotitehtävä

tarehi-marika

luku

manampy

lisätä

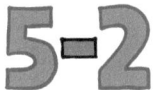

manala

vähentää

mampitombo

kertoa

mikajy

laskea

taratasy

kirjain

abidia

aakkoset

teny

sana

lahatsoratra

teksti

mamaky

lukea

tsaoka

liitu

lesona

oppitunti

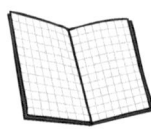

boky fianarana

opettajan muistikirja

fanadinana

koe

sertifikà

todistus

fanamian'ny mpianatra

koulupuku

fiofanana

koulutus

raki-pahalalana

sanakirja

oniversite

yliopisto

mikraoskaopy

mikroskooppi

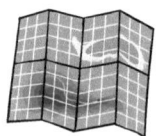

sarintany

kartta

fanariana fako taratasy

roskakori

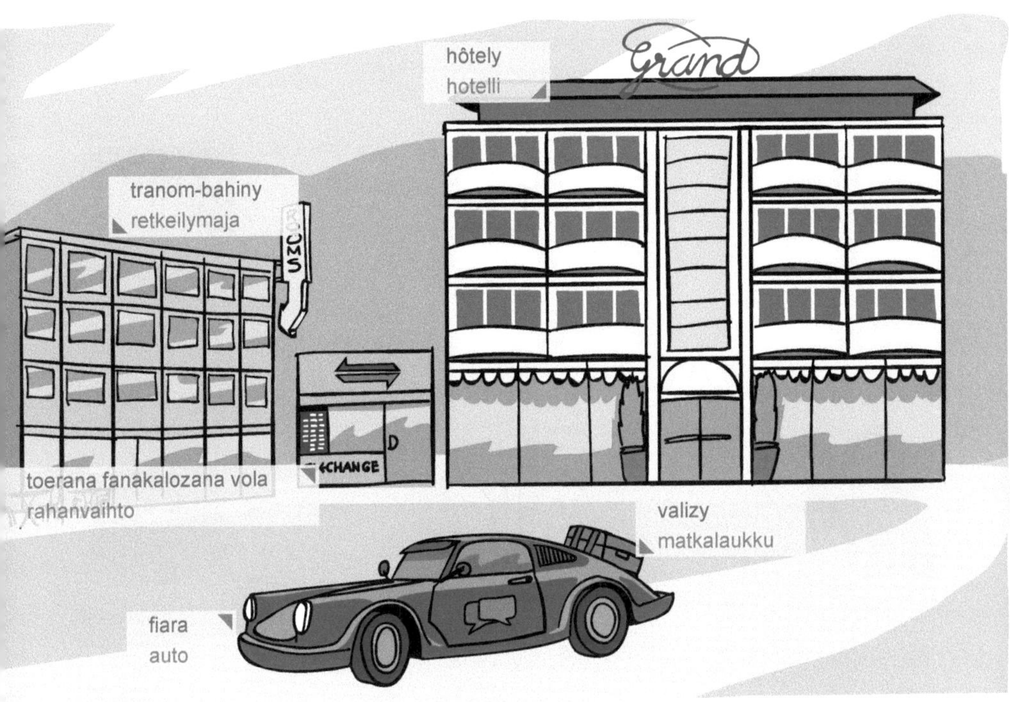

hôtely
hotelli
Grand
tranom-bahiny
retkeilymaja
ROOMS
toerana fanakalozana vola
rahanvaihto
EXCHANGE
valizy
matkalaukku
fiara
auto

fiteny
kieli

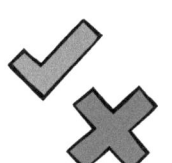

eny / tsia
kyllä / ei

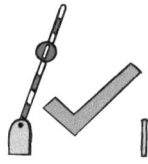

Eny àry
selvä

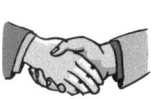

salama
hei

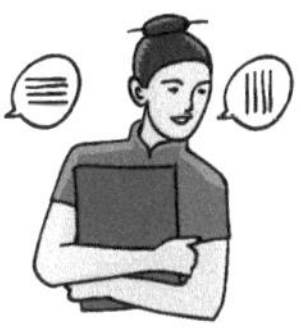

mpandika teny
tulkki

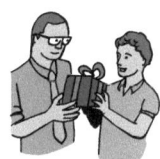

Misaotra
kiitos

ohatrinona...?

Paljonko...maksaa?

Tsy azoko izany

en ymmärrä

olana

ongelma

Salama ô!

Hyvää iltaa!

Arahaba tra-maraina e!

Hyvää huomenta!

Tsara mandry ô!

Hyvää yötä!

veloma

näkemiin

fitantanana

suunta

entan'ny mpandeha

matkatavarat

harona

laukku

kitapo

reppu

vahiny

vieras

efitrano

huone

fandriana enti-tànana

makuupussi

tanty

teltta

birao miandraikitra ny
fizahantany
....
turisti-info

moron-tsiraka
....
ranta

fahana amin'ny karatra
....
luottokortti

sakafo maraina
....
aamupala

sakafo atoandro
....
lounas

sakafo hariva
....
päivällinen

tapakila
....
matkalippu

ascenseur
....
hissi

hajia
....
postimerkki

tany manasaraka
....
raja

fadin-tseranana
....
tulli

ambasady
....
suurlähetystö

visa
....
viisumi

pasipaoro
....
passi

fitaterana
kuljetus

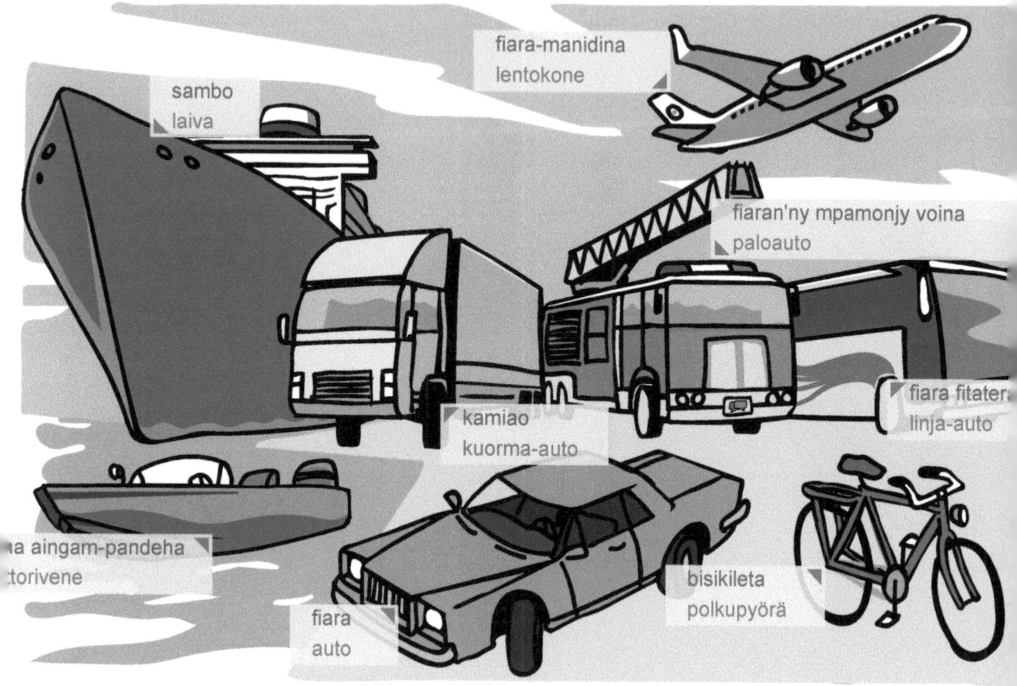

fiara-manidina
lentokone
sambo
laiva
fiaran'ny mpamonjy voina
paloauto
fiara fitater
linja-auto
kamiao
kuorma-auto
a aingam-pandeha
torivene
bisikileta
polkupyörä
fiara
auto

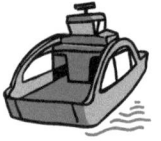

sambobe

lautta

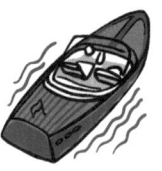

sambo

vene

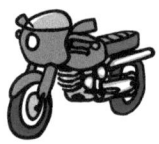

môtô

moottoripyörä

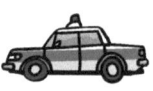

fiaran'ny polisy

poliisiauto

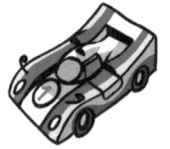

fiara mpihazakazaka

kilpa-auto

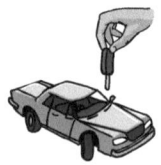

fiara fanofa

vuokra-auto

zara fiara
....
car sharing

fiara etsy babeko
....
hinausauto

fiara mpitatitra fako
....
roska-auto

môtera
....
moottori

solika
....
polttoaine

tobin-tsolika
....
huoltoasema

tondro fifamoivoizana
....
liikennemerkki

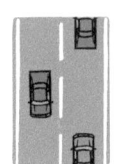

fifamoivoizana
....
liikenne

fitohanan'ny fifamoivoizana
....
ruuhka

fitobian'ny fiara
....
parkkipaikka

fiantsonan'ny fiaran-
dalamby
....
rautatieasema

lalamby
....
raiteet

fiaran-dalamby
....
juna

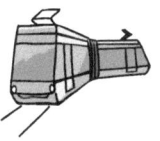

tramway
....
raitiovaunu

kalesy
....
vaunu

angidimby

helikopteri

seranam-piaramanidina

lentokenttä

tilikambo

lähilennonjohto

mpandeha

matkustaja

kaontenera

kontti

baoritra

pahvilaatikko

chariot

kärryt

harona

kori

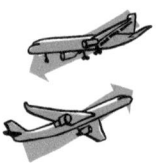

miainga / midina

nousta / laskea

renivohitra
kaupunki

ambanivohitra

kylä

afovoan-tanàna

keskusta

trano

talo

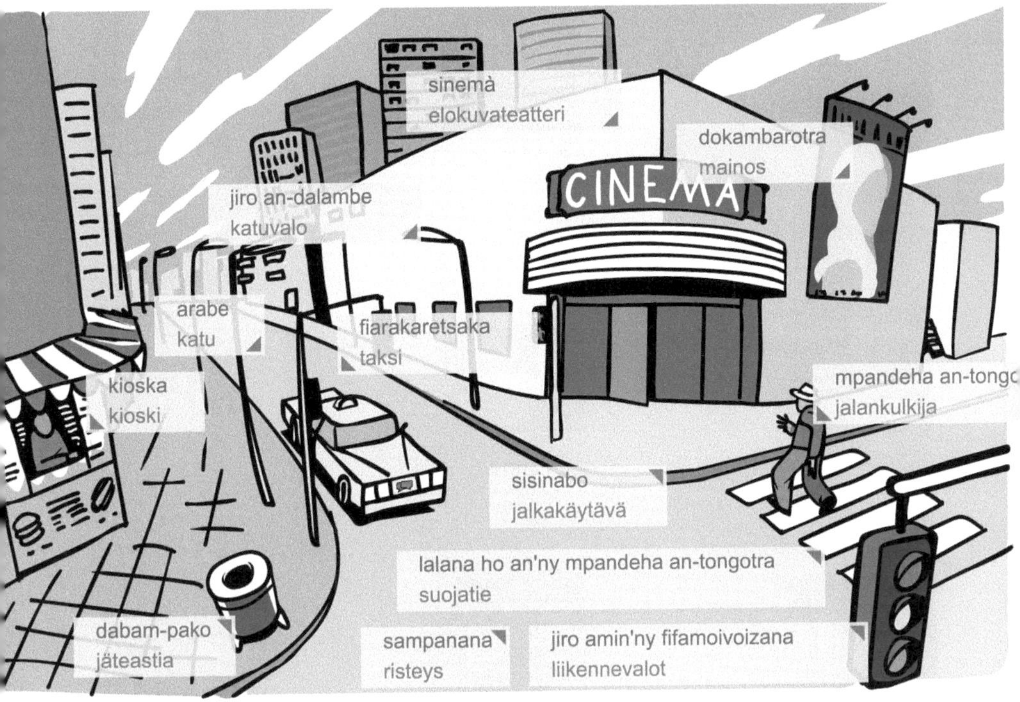

sinemà
elokuvateatteri

dokambarotra
mainos

jiro an-dalambe
katuvalo

arabe
katu

fiarakaretsaka
taksi

mpandeha an-tongo
jalankulkija

kioska
kioski

sisinabo
jalkakäytävä

lalana ho an'ny mpandeha an-tongotra
suojatie

dabam-pako
jäteastia

sampanana
risteys

jiro amin'ny fifamoivoizana
liikennevalot

trano bongo

mökki

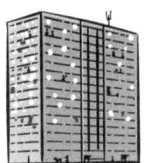

tranobe

kerrostalo

fiantsonan'ny fiaran-
dalamby

rautatieasema

firaisana

kaupungintalo

donia

museo

sekoly

koulu

oniversite

yliopisto

banky

pankki

hopitaly

sairaala

hôtely

hotelli

farmasia

apteekki

birao

toimisto

fivarotam-boky

kirjakauppa

fivarotana

liike

mpivarotra voninkazo

kukkakauppa

supermarché

supermarketti

tsena

tori

tranobe fivarotana

tavaratalo

mpivarotra trondro

kalakauppias

toeram-pivarotana lehibe

ostoskeskus

seranana

satama

valan-javaboary

puisto

latabatra

penkki

tetezana

silta

totohatra

portaat

metrô

metro

tonelina

tunneli

fiantsonan'ny fiara
mpitondra olona

linja-autopysäkki

bara

baari

toeram-pisakafoanana

ravintola

boatin-taratasy paositra

postilaatikko

famantarana an-arabe

katukyltti

parcmètre

parkkimittari

valan-javaboary

eläintarha

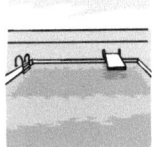

dobo filomanosana

uimala

moskea

moskeija

toeram-pambolena
maatila

loto
ympäristön saastuminen

fasana
hautausmaa

trano fiangonana
kirkko

tokontany filalaovana
leikkikenttä

tempoly
temppeli

endritany
maisema

ravina
lehti

tondro famantarana
tienviitta

làlana
tie

kijana
niitty

vato
kivi

mpihani-bohitra
retkeilijä

hazo
puu

renirano
joki

bozaka
ruoho

voninkazo
kukka

lemaka

laakso

vohitra

vuori

laka

järvi

ala

metsä

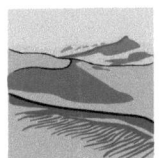

tany hay

aavikko

volkano

tulivuori

rova

linna

avana

sateenkaari

holatra

sieni

hazom-boanio

palmu

moka

hyttynen

lalitra

kärpänen

vitsika

muurahainen

tantely

mehiläinen

hala

hämähäkki

voangory

kovakuoriainen

sahona

sammakko

vontsira

orava

trandraka

siili

bitro

jänis

vorondolo

pöllö

vorona

lintu

gisabe

joutsen

lambo

villisika

cerf

peura

voalavo

hirvi

toha-drano

pato

helisy ahodin-drivotra

tuulimylly

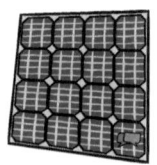

takela-masoandro

aurinkopaneeli

toetr'andro

ilmasto

mpandroso sakafo
tarjoilija

menu
ruokalista

seza
tuoli

lasopy
keitto

pizza
pitsa

lamban-databatra
pöytäliina

fitaovam-pihinanana
ruokailuvälineet

entrée

alkuruoka

sakafo fototra

pääruoka

desera

jälkiruoka

zava-pisotro

juomat

sakafo

ruoka

tavoahangy

pullo

fast food

pikaruoka

sakafo an-dalambe

katuruoka

fitoerana dite

teekannu

fitoeran-tsiramamy

sokeriastia

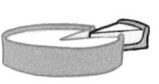

singany

annos

milina espresso

espressokeitin

seza avo

syöttötuoli

faktiora

lasku

lovia fandrosoana sakafo

tarjotin

antsy

veitsi

sotrorovitra

haarukka

sotro

lusikka

sotrokely

teelusikka

servieta

servietti

vera

lasi

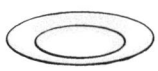

vilia
lautanen

vilian-dasopy
syvä lautanen

vilia bory
aluslautanen

saosy
kastike

fitoeran-tsira
suolasirotin

milina dipoavatra
pippurimylly

vinaingitra
etikka

solika
öljy

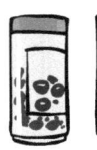

zava-manitra
mausteet

ketchup
ketsuppi

voan-tsinapy
sinappi

maionezy
majoneesi

supermarché
supermarketti

fihenam-bidy
tarjous
FOR
mpividy
asiakas
sakafo avy amin'ny ronono
maitotuotteet
voankazo
hedelmät
chariot
ostoskärryt

BUTCHERS

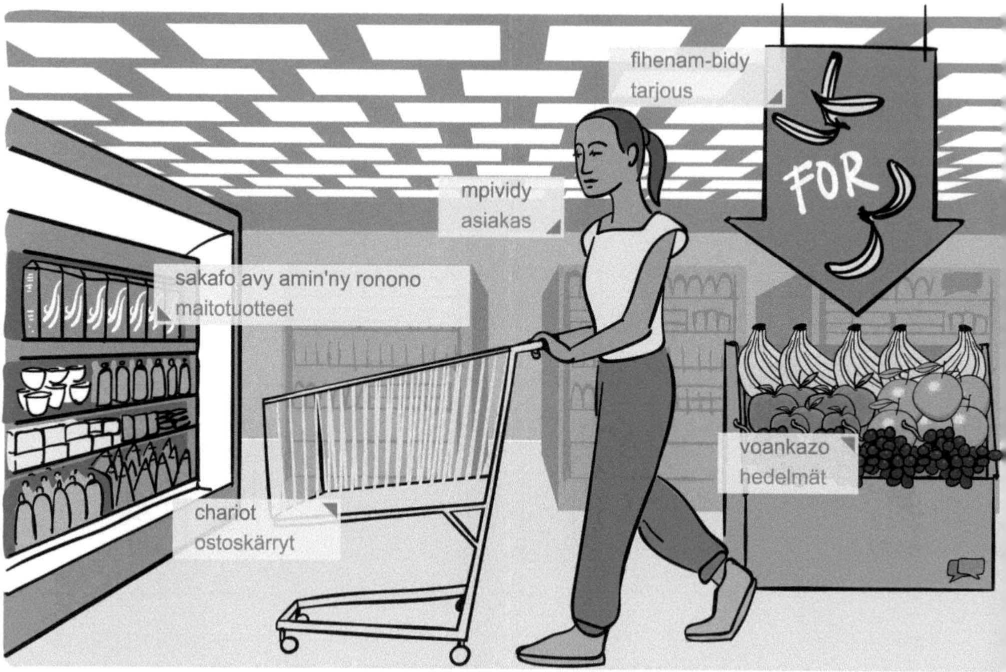

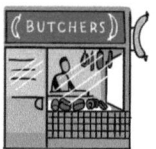

mpivaro-kena
teurastamo

BAKERY

mpivarotra mofo
leipomo

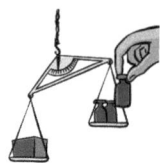

mandanja
punnita

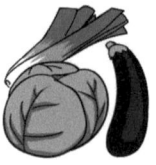

legioma
kasvikset

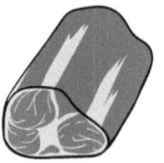

hena
liha

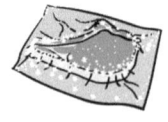

sakafo nampangatsiahana
pakasteet

hena voahendy

leikkele

sakafo am-by fotsy

säilykkeet

vovon-tsavony

pesujauhe

vatomamy

makeiset

fitaovana an-tokatrano

kotitaloustarvikkeet

fitaovana fanadiovana

puhdistusaineet

mpivarotra

myyjä

toerana fandoavam-bola

kassa

mpandray vola

kassanhoitaja

isitry ny zavatra vidiana

ostoslista

ora fiasana

aukioloajat

portefeuille

lompakko

fahana amin'ny karatra

luottokortti

harona

kassi

harona plastika

muovipussi

rano
vesi

ranom-boankazo
mehu

ronono
maito

coca
kokis

divay
viini

labiera
olut

toaka
alkoholi

sôkôlà mafana
kaakao

dite
tee

kafe
kahvi

espresso
espresso

cappuccino
cappuccino

akondro

banaani

paoma

omena

laoranjy

appelsiini

voatango

meloni

voasarimakirana

sitruuna

karaoty

porkkana

tongolo gasy

valkosipuli

volobe

bambu

tongolo

sipuli

holatra

sieni

voamaina

pähkinät

paty

spagetti

spaghetti

spagetti

vary

riisi

salady

salaatti

ovy frity

ranskalaiset

ovy voaendy

paistetut perunat

pizza

pitsa

hamburger

hampurilainen

sandwich

voileipä

didin-kena

leike

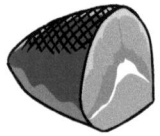

lambo sira

kinkku

salami

salami

saosisy

makkara

akoho

kana

hena mendy

paisti

trondro

kala

varin-tsoavaly

kaurahiutaleet

muesli

mysli

cornflakes

murot

lafarinina

jauho

croissant

voisarvi

mofodipaina kely

sämpylä

mofo

leipä

mofo natono

paahtoleipä

bisky

keksit

dobera

voi

fromazy fotsy

rahka

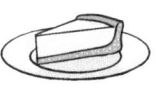

mofomamy

kakku

atody

kananmuna

atody nendasina

paistettu kananmuna

fromazy

juusto

sakafo - ruoka

lagilasy

jäätelö

siramamy

sokeri

tantely

hunaja

kaonfitira

hillo

crème nougat

suklaapähkinälevite

curry

curry

toeram-pambolena
maatila

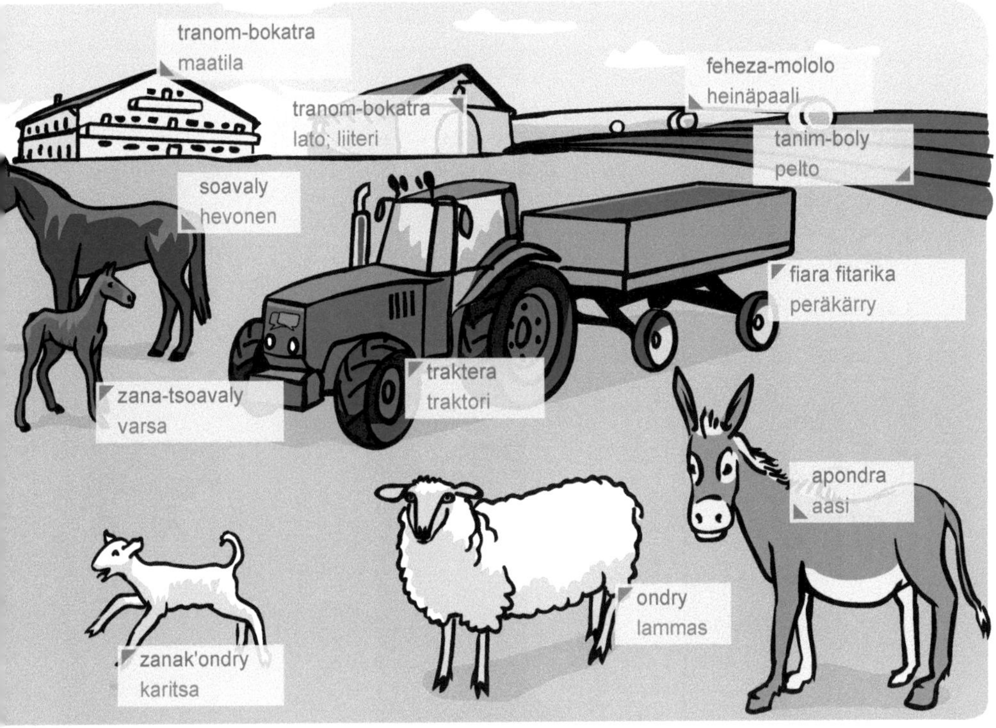

tranom-bokatra
maatila
tranom-bokatra
lato; liiteri
feheza-mololo
heinäpaali
tanim-boly
pelto
soavaly
hevonen
fiara fitarika
peräkärry
traktera
traktori
zana-tsoavaly
varsa
apondra
aasi
ondry
lammas
zanak'ondry
karitsa

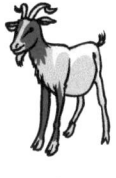

osy
vuohi

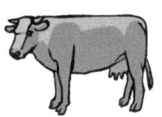

omby vavy
lehmä

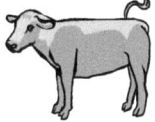

omby
vasikka

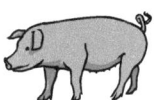

kisoa
sika

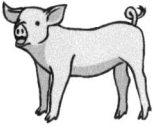

zana-kisoa
porsas

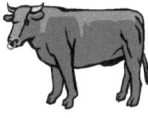

omby
sonni

gisa

hanhi

gana

ankka

zanak'akoho

tipu

akoho vavy

kana

akoho lahy

kukko

voalavo

rotta

saka

kissa

voalavo tondro

hiiri

omby

härkä

alika

koira

tranon'alika

koirankoppi

fantsona fanondrahana rano

puutarhaletku

fanondrahana

kastelukannu

antsy biloka

viikate

angadin'omby

aura

antsim-bilona

sirppi

antsetra

kuokka

farango vy

talikko

famaky

kirves

borety

kottikärryt

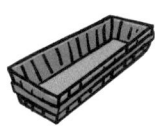

dababe

kaukalo

boatin-dronono

maitokannu

harona

säkki

fefy

aita

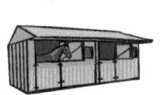

tranom-biby

talli

talatalan-jaridaina

kasvihuone

tany

maa

ambeoka

siemen

zezika

lannoite

milina mpijinja vokatra

leikkuupuimuri

vokatra

kerätä sato

vokatra

sato

saonjo

jamssit

varimbazaha

vehnä

saozaha

soija

ovy

peruna

katsaka

maissi

colza

rypsi

hazo fihinam-boa

hedelmäpuu

mangahazo

maniokki

voamadinika

vilja

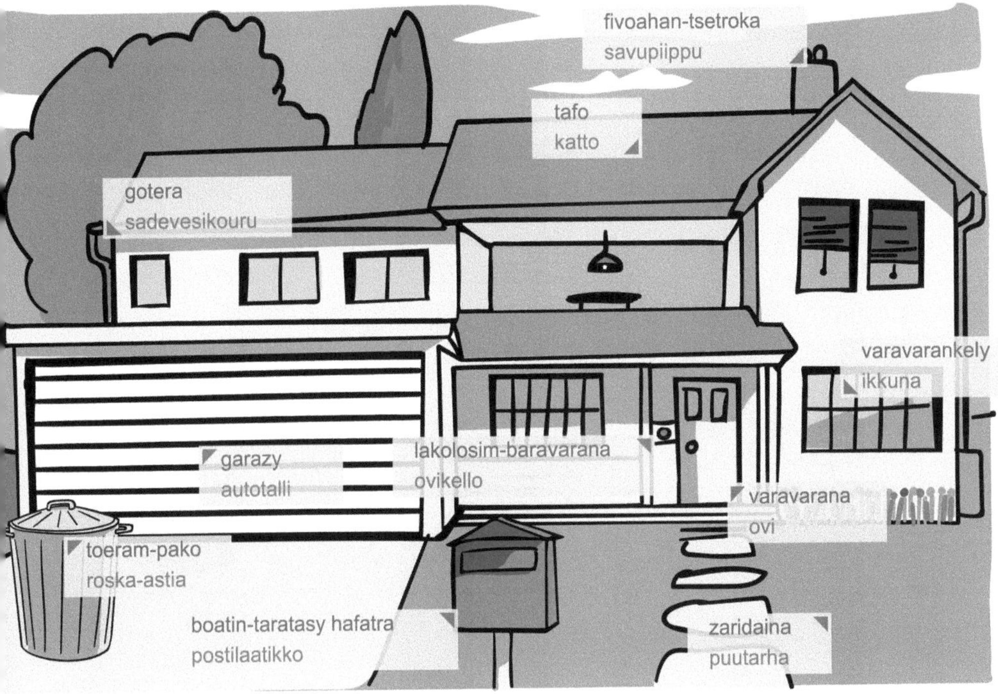

fivoahan-tsetroka
savupiippu

tafo
katto

gotera
sadevesikouru

varavarankely
ikkuna

garazy
autotalli

lakolosim-baravarana
ovikello

varavarana
ovi

toeram-pako
roska-astia

boatin-taratasy hafatra
postilaatikko

zaridaina
puutarha

efitra fandraisam-bahiny

olohuone

efitra fandroana

kylpyhuone

lakozia

keittiö

efitra fatoriana

makuuhuone

efitranon'ny ankizy

lastenhuone

efi-trano fisakafoanana

ruokahuone

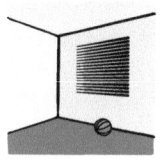

tany

lattia

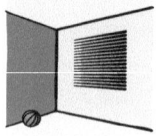

rindrina

seinä

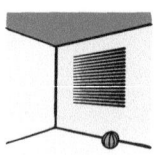

valindrihana

katto

lakavy

kellari

sauna

sauna

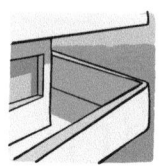

tsimahalavo

parveke

lavarangana

terassi

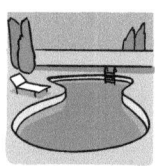

dobo filomanosana

uima-allas

mpanapaka bozaka

ruohonleikkuri

lambam-pandriana

lakana

koety

päiväpeitto

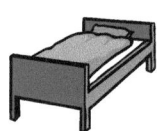

fandriana

sänky

kifafa

harja

sô

ämpäri

interrupteur

katkaisin

efitra fandraisam-bahiny
olohuone

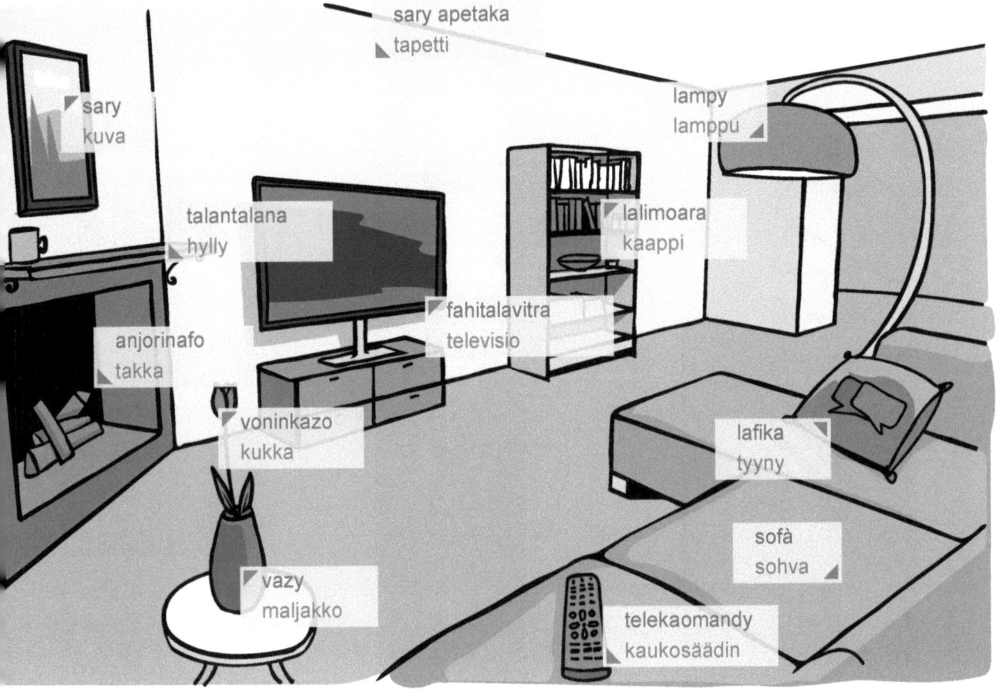
sary apetaka
tapetti
sary
kuva
lampy
lamppu
talantalana
hylly
lalimoara
kaappi
fahitalavitra
televisio
anjorinafo
takka
voninkazo
kukka
lafika
tyyny
sofà
sohva
vazy
maljakko
telekaomandy
kaukosäädin

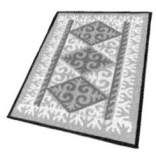

tapis
matto

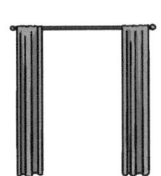

takom-baravarana
verho

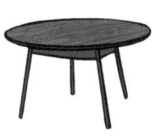

latabatra
pöytä

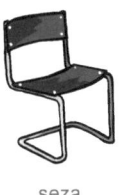

seza
tuoli

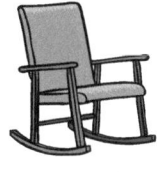

seza savily
keinutuoli

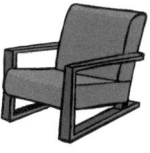

seza mihaja
nojatuoli

boky
kirja

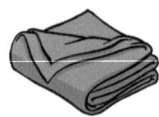

lamba firakotra
peitto

asa fandravahana
koriste

hazo fandrehitra
polttopuut

horonantsary
elokuva

fitaovana hi-fi
stereot

fanalahidy
avain

gazety
sanomalehti

loko
maalaus

sary famantarana
juliste

radio
radio

kahie fanao tadidy
muistivihko

aspiratera
pölynimuri

raketa
kaktus

labozia
kynttilä

lakozia
keittiö

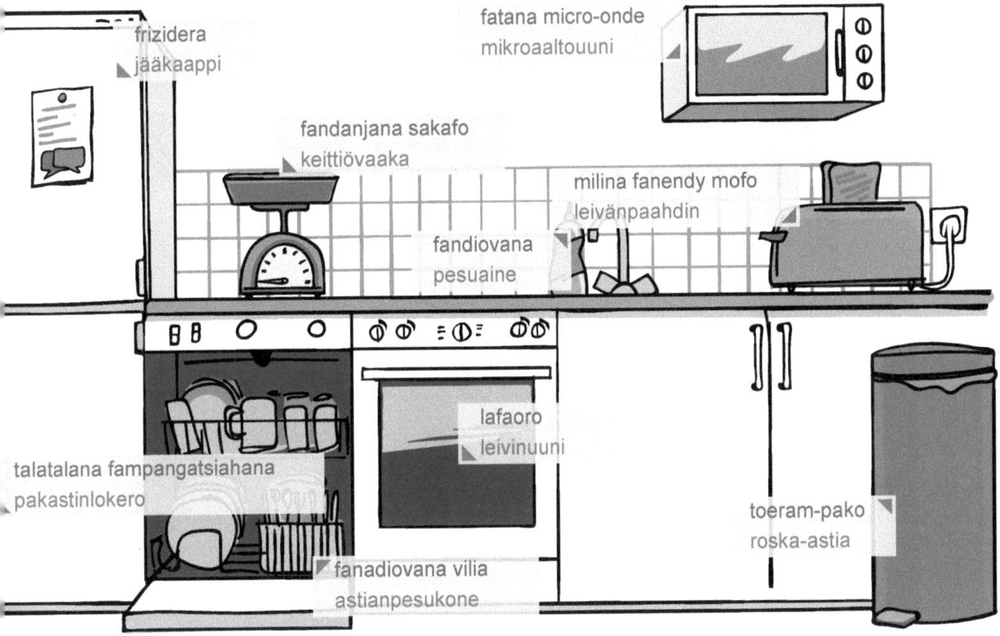
frizidera
jääkaappi
fatana micro-onde
mikroaaltouuni
fandanjana sakafo
keittiövaaka
milina fanendy mofo
leivänpaahdin
fandiovana
pesuaine
lafaoro
leivinuuni
talatalana fampangatsiahana
pakastinlokero
toeram-pako
roska-astia
fanadiovana vilia
astianpesukone

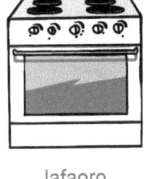

lafaoro
liesi

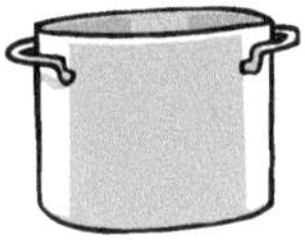
vilany
kattila

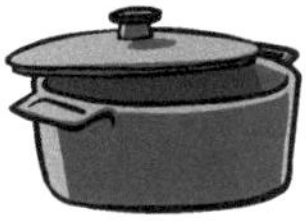
vilany vy
rautapata

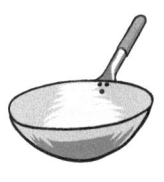

wok / kadai
okkipannu / kadai-pannu

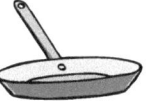

lapoaly
paistinpannu

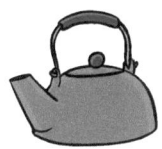

fitaovana fampangotrahana rano
teepannu

vilany mandeha entona

höyrykeitin

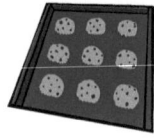

lovia fisaka

uunipelti

fitaovan-dakozia

astiat

zinga

muki

vilia baolina

kulho

hazokely fihinanana

syömäpuikot

sotrobe lavatango

kauha

spatule

paistinlasta

fanakapohana atody

vispilä

fanatantavanana

siivilä

lovia sivana

siivilä

fanakikisana

raastin

laona

mortteli

kiendiendy

grilli

fivoahan'ny setroka

avotuli

akalana fitetehana

leikkuulauta

kodia fandamàna koba

kaulin

fisontonana bosoa

korkinavaaja

boaty

purkki

fanokafana boaty

purkinavaaja

fitazomana vilany

pannulappu

lavabô

lavuaari

borosy

tiskiharja

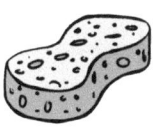

spaonjy

pesusieni

miksera

tehosekoitin

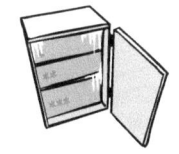

fitaovana fampangatsiahana

pakastin

tavoahanginono

tuttipullo

paompy

vesihana

efitra fandroana
kylpyhuone

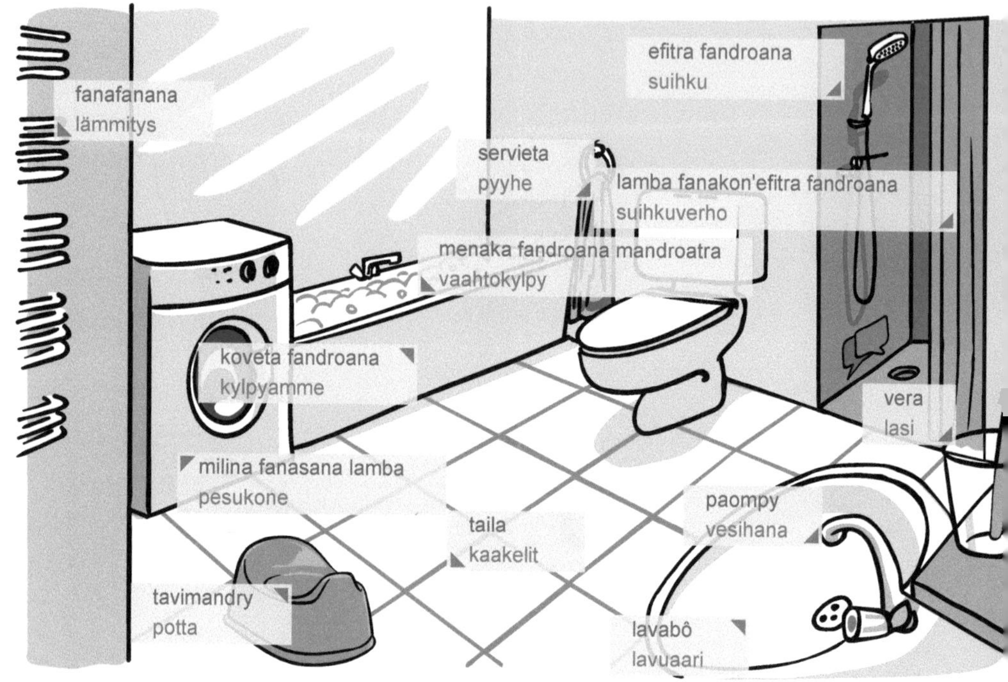

fanafanana
lämmitys
servieta
pyyhe
efitra fandroana
suihku
lamba fanakon'efitra fandroana
suihkuverho
menaka fandroana mandroatra
vaahtokylpy
koveta fandroana
kylpyamme
vera
lasi
milina fanasana lamba
pesukone
paompy
vesihana
taila
kaakelit
tavimandry
potta
lavabô
lavuaari

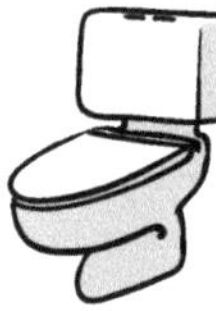

efitrano fidiovana
vessa

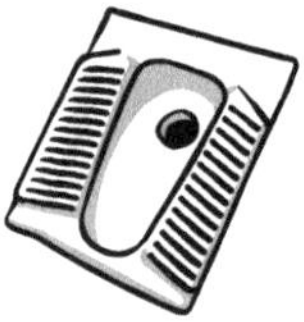

kabone mitsingo
kyykkyvessa

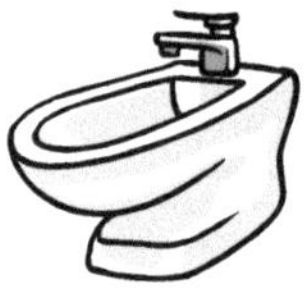

bidet
bidee

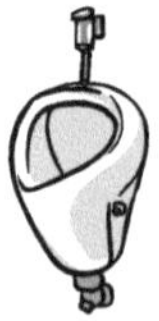

fipipizana
pisuaari

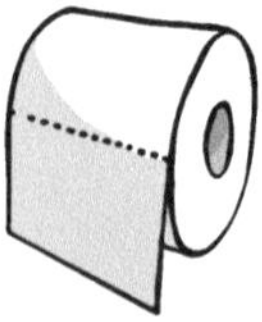

taratasy fidiovana
vessapaperi

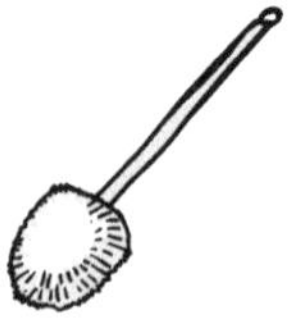

borosy fampiasa an-kabone
vessaharja

borosinify

hammasharja

famotsia-nify

hammastahna

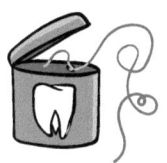

kofehy fanadiova-nify

hammaslanka

manasa

pestä

fisaika enti-tànana

käsisuihku

fanadiovana fivaviana

intiimisuihku

kovetabe

pesuvati

borosin-damosina

selkäharja

savony

saippua

fampiasa rehefa misaika

suihkugeeli

shampoo

shampoo

fonon-tànana enti-misaika

pesulappu

tsiranoka

viemäri

crème fanosotra

voide

fanalana fofona

deodorantti

fitaratra

peili

fitaratra fihaingo

käsipeili

hareza

partaveitsi

raotra fiharatra

partavaahto

menaka haratra

partavesi

fiogo

kampa

borosy

harja

fitaovana fanamainam-bolo

hiustenkuivaaja

atsifotra amin'ny volo

hiuslakka

fikarakarana tarehy

meikki

lokomena

huulipuna

haingo hoho

kynsilakka

vohavohan-dandihazo

pumpuli

fanapahana hoho

kynsisakset

ranomanitra

hajuvesi

fitoerana fitaovana an-
kabone
....
kosmetiikkalaukku

sezabory
....
jakkara

fandanjana olona
....
vaaka

akanjo enti-matory
....
kylpytakki

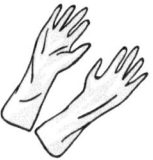

fonon-tànana enti-manadio
....
kumihansikkaat

servieta fanary
....
tamponi

amba fampiasa amin'ny
fadimbolana
....
terveysside

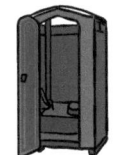

kabone simika
....
kemiallinen wc

efitranon'ny ankizy

lastenhuone

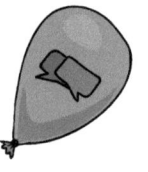

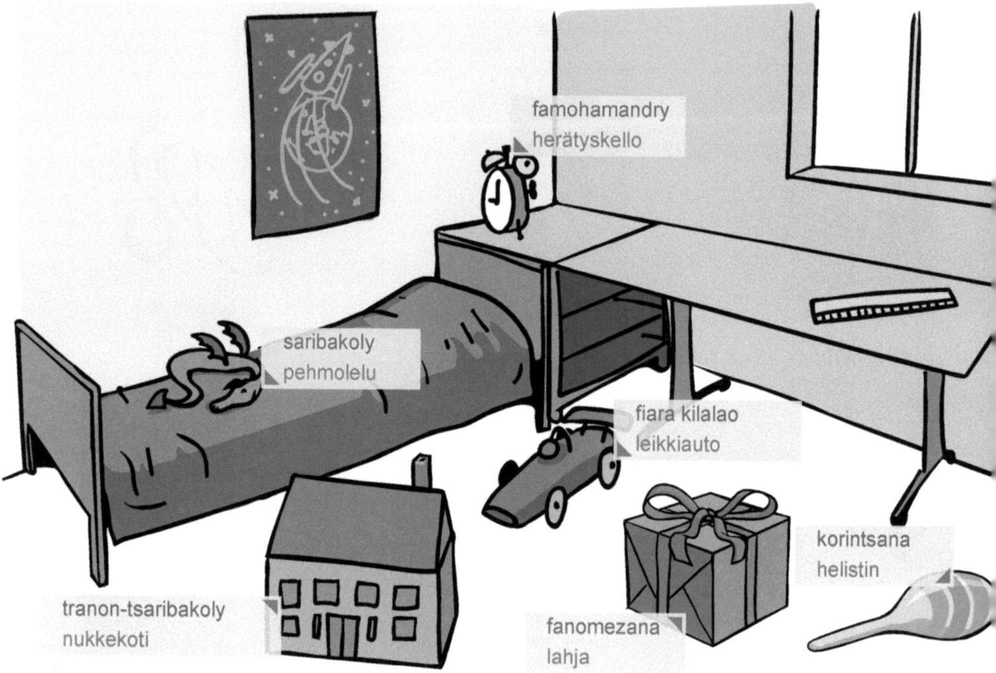
famohamandry
herätyskello
saribakoly
pehmolelu
fiara kilalao
leikkiauto
korintsana
helistin
tranon-tsaribakoly
nukkekoti
fanomezana
lahja

balaonina
ilmapallo

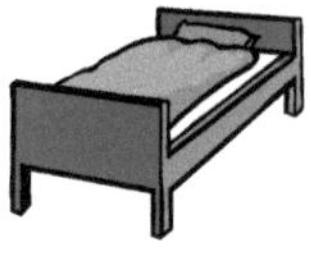

fandriana
sänky

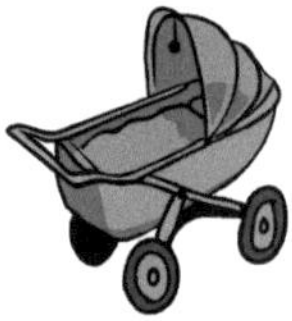

posety
lastenvaunut

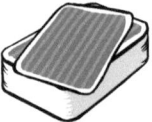

lalao karatra
korttipeli

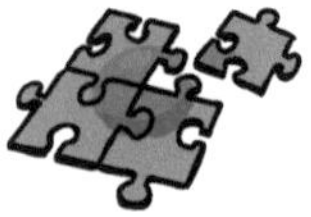

puzzle
palapeli

SUPER
MEGA

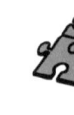

sariitatra
sarjakuva

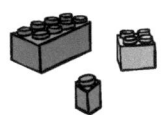

lalao legô
legopalikat

kilalao fananganana trano
rakennuspalikat

sarivongana kely
supersankari

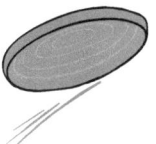

grenera
potkupuku

Frisbee
frisbee

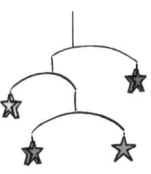

mobile
mobile

jeu de société
lautapeli

kodiakely
noppa

lamasinina kely
pienoisjunarata

solonono
tutti

fety
juhlat

boky feno sary
kuvakirja

baolina
pallo

saribakoly
nukke

milalao
leikkiä

kovetam-pasika

hiekkalaatikko

savily

keinu

kilalao

lelut

kilalao video

pelikonsoli

tricycle

kolmipyörä

teddy orsa

nalle

fitoeran'akanjo

vaatekaappi

akanjo
vaatteet

bà kiraro

sukat

bàn-tongotra

nylonsukat

akanjo manara-batana

sukkahousut

foloara
kaulaliina

fehin-kibo
vyö

elo
sateenvarjo

t-shirt
t-paita

kiraro tenisy
lenkkarit

baoty
saappaat

kapa fitondra an-tran◌
sisätossut

kapa
....
sandaalit

kiraro
....
kengät

baoty fingotra
....
kumisaappaat

atinakanjo
....
alushousut

tatinono
....
rintaliivit

akanjo feno
....
aluspaita

vatana

body

pataloha

housut

jean

farkut

zipo

hame

akanjo ambony

pusero

lobaka

paita

pull

villapaita

akanjo sarotro

collegepaita

palitao

jakku

palitao

takki

palitao

takki

akanjo aro-orana

sadetakki

akanjo fianjaika

puku

fitafim-behivavy

mekko

akanjon'ny ampakarina

hääpuku

akanjo fianjaika

puku

akanjo-mandry

yöpaita

pijamà

pyjama

sari

shari

sarondoha

päähuivi

turban

turbaani

burqa

burka

kaftan

kaftaani

abaya

abaya

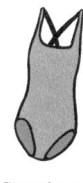

kanjo fitondra milomano

uimapuku

akanjo fitondra milomano

uimahousut

pataloha fohy

shortsit

akanjo fitena

verkkarit

tablie

esiliina

fonon-tànana

käsineet

bokotra
nappi

solomaso
silmälasit

brasele
rannekoru

rojo
kaulakoru

peratra
sormus

kavina
korvakoru

satroka
lippalakki

fanantonana palitao
ripustin

satroka
hattu

fehivozo
solmio

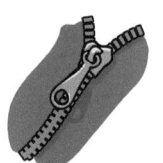

hidikorisa
vetoketju

aroloha
kypärä

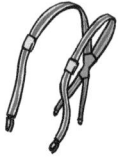

beritelo
henkselit

fanamian'ny mpianatra
koulupuku

fanamiana
univormu

bavoara
....
ruokalappu

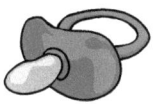

solonono
....
tutti

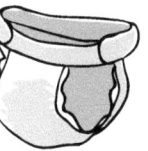

taty
....
vaippa

birao
toimisto

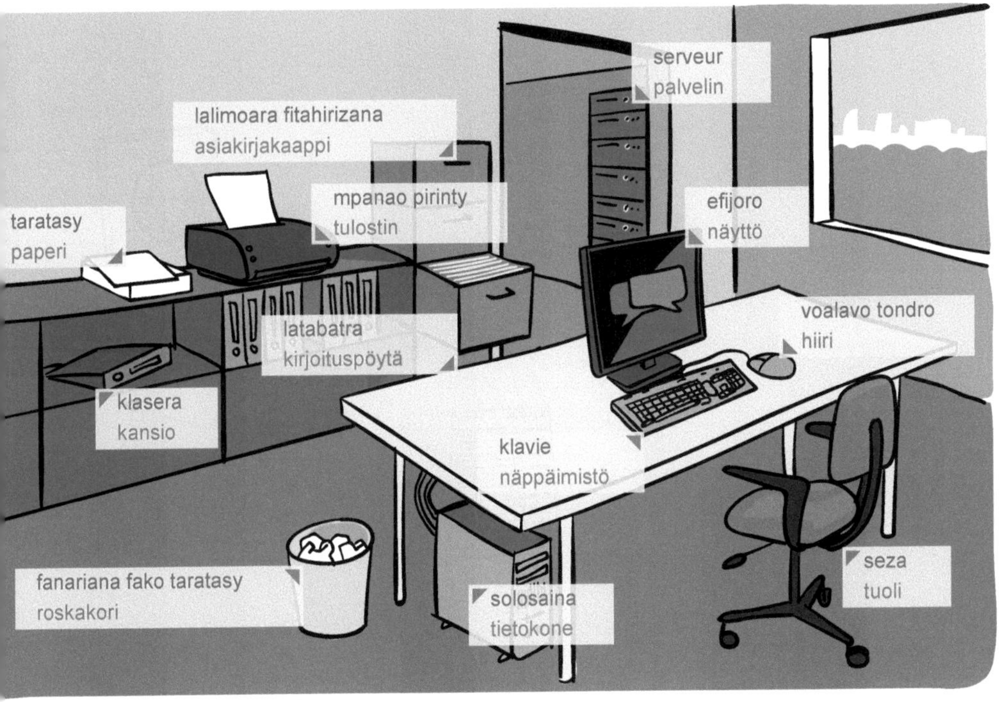

lalimoara fitahirizana
asiakirjakaappi

serveur
palvelin

taratasy
paperi

mpanao pirinty
tulostin

efijoro
näyttö

latabatra
kirjoituspöytä

voalavo tondro
hiiri

klasera
kansio

klavie
näppäimistö

fanariana fako taratasy
roskakori

solosaina
tietokone

seza
tuoli

kaopin-kafe
....
kahvimuki

mpikajy
....
taskulaskin

aterineto
....
internet

solosaina maivana

kannettava tietokone

taratasy

kirje

hafatra

viesti

mobile

kännykkä

tambajotra

verkko

imprimante

kopiokone

rindrambaiko

ohjelmisto

finday

puhelin

prizy

pistorasia

fax

faksi

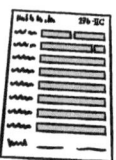

efitra fenoina

lomake

fehezan-taratasy

asiakirja

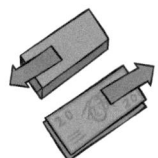

mividy

ostaa

mandoa vola

maksaa

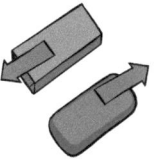

misera

vaihtaa

vola

raha

 USD

dôlara

dollari

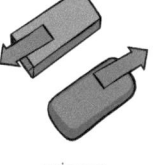 EUR

euro

euro

 JPY

yen

jeni

 RUB

rouble

rupla

 CHF

Franc suisse

frangi

 CNY

renminbi yuan

renminbi juan

 INR

roupie

rupia

fangalàna vola

pankkiautomaatti

toerana fanakalozana vola
rahanvaihto

volamena
kulta

volafotsy
hopea

solika
öljy

angovo
energia

vidiny
hinta

fifanekena
sopimus

hetra
vero

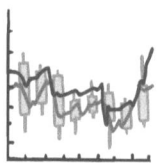

action borsa
osake

miasa
työskennellä

mpiasa
työntekijä

mpampiasa
työnantaja

orinasa
tehdas

fivarotana
liike

mpamonjy voina
palomies

npitandro filaminana
oliisi

mahandro
kokki

dokotera
lääkäri

mpanamory
lentäjä

mpikarakara zaridaina

puutarhuri

mpandrafitra

puuseppä

vehivavy mpanjaitra

ompelija

mpitsara

tuomari

mpahay simia

kemisti

mpilalao sarimihetsika

näyttelijä

mpamily fiara fitateram-
bahoaka
....
linja-autonkuljettaja

mpamily fiarakaretsaka
....
taksinkuljettaja

mpanjono
....
kalastaja

vehivavy mpanadio
....
siivooja

mpanao tafo
....
katontekijä

mpandroso sakafo
....
tarjoilija

mpihaza
....
metsästäjä

mpandoko
....
maalari

mpanao mofo
....
leipuri

elektrisianina
....
sähköasentaja

mpanao trano
....
rakentaja

injeniera
....
insinööri

mivaro-kena
....
teurastaja

plombier
....
putkiasentaja

faktera
....
postinjakaja

miaramila

sotilas

mpanao mari-trano

arkkitehti

mpandray vola

kassanhoitaja

mpivarotra voninkazo

floristi

mpanao volo

kampaaja

mpizara tapakila

konduktööri

mpahay mekanika

mekaanikko

kapiteny

kapteeni

mpitsabo nify

hammaslääkäri

siantifika

tiedemies

raby

rabbi

imam

imaami

moanina

munkki

pretra

pappi

fitaovana
työkalut

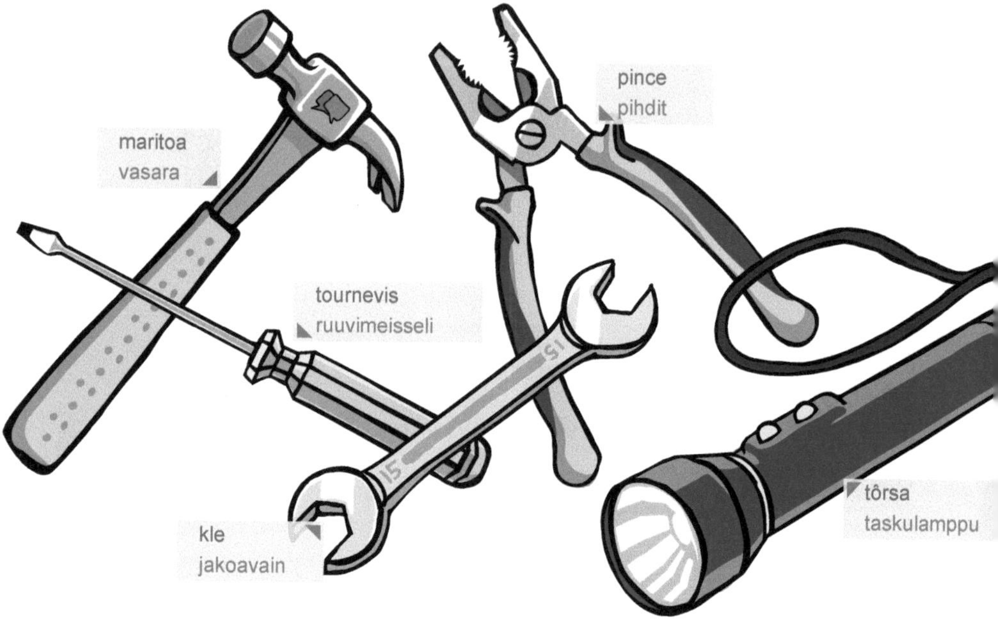

maritoa
vasara
pince
pihdit
tournevis
ruuvimeisseli
kle
jakoavain
tôrsa
taskulamppu

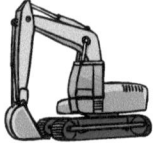

pelleteuse

kaivinkone

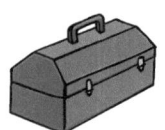

boaty fanisy fitaovana

työkalupakki

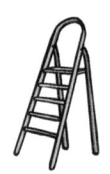

tohatra

tikkaat

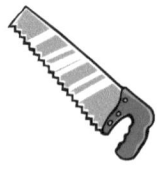

tsofa

saha

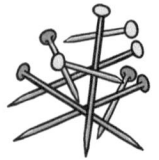

fantsika

naulat

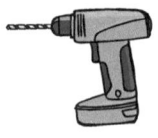

perceuse

pora

manarina

korjata

lapela

lapio

Kyy!

Hitto!

angadim-pako

rikkalapio

boatin-doko

maalipurkki

visy

ruuvit

zava-maneno
soittimet

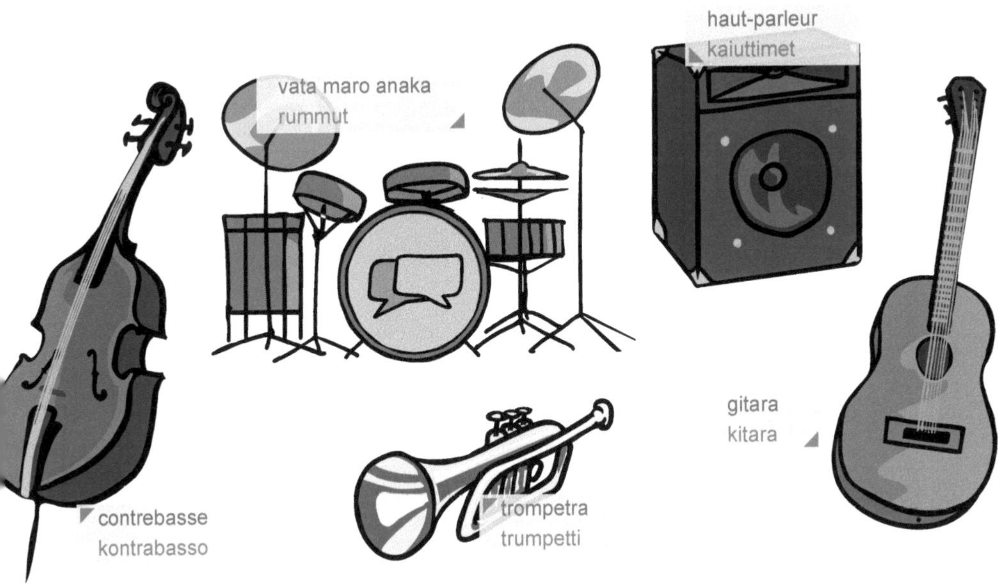

haut-parleur
kaiuttimet

vata maro anaka
rummut

gitara
kitara

contrebasse
kontrabasso

trompetra
trumpetti

vata maro afitsoka

piano

lokanga

viulu

basse

basso

amponga timpani

patarummut

aponga

rumpu

klavie

kosketinsoitin

saksa

saksofoni

sodina

huilu

mikrao

mikrofoni

valan-javaboary
eläintarha

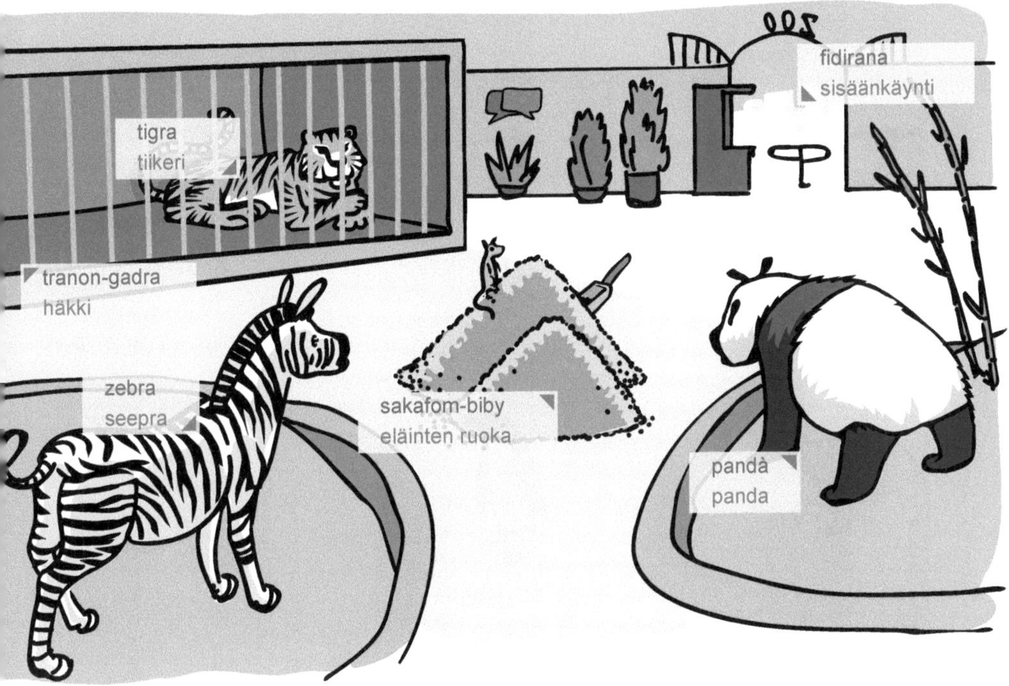

fidirana
sisäänkäynti
tigra
tiikeri
tranon-gadra
häkki
zebra
seepra
sakafom-biby
eläinten ruoka
pandà
panda

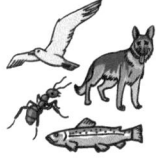

biby
eläimet

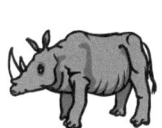

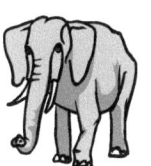

elefanta
norsu

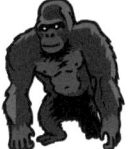

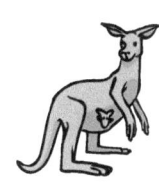

kangoroa
kenguru

rinôserôsy
sarvikuono

gôrila
gorilla

orsa
karhu

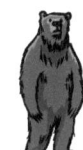

rameva

kameli

aotrisy

strutsi

liona

leijona

rajako

apina

sama

flamingo

boloky

papukaija

orsa polera

jääkarhu

pengoa

pingviini

atsantsa

hai

vorombola

riikinkukko

bibilava

käärme

voay

krokotiili

mpiandry valan-javaboary

eläintarhanhoitaja

fôko

hylje

jagoara

jaguaari

poney

poni

leopara

leopardi

hipôpôtamo

virtahepo

zirafa

kirahvi

voromahery

kotka

lambo

villisika

trondro

kala

sokatra

kilpikonna

môrsa

mursu

renard

kettu

gazely

gaselli

Football amerikana
amerikkalainen jalkapallo

hazakazaka am-bisikileta
pyöräily

tennis
tennis

baskety
koripallo

lomano
uinti

hockey an-dranomand
jääkiekko

boxe
nyrkkeily

baolina kitra
jalkapallo

badminton
sulkapallo

atletisma
yleisurheilu

handball
käsipallo

ski
hiihto

polo
poolo

mihomehy
nauraa

ambikina
ätä

mamihina
halata

mandeha
kävellä

mihira
laulaa

manonofy
unelmoida

mivavaka
rukoilla

manoroka
suudella

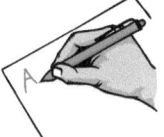

manoratra

kirjoittaa

manao sary

piirtää

maneho

näyttää

manosika

painaa

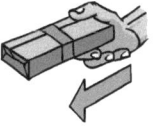

manome

antaa

mandray

ottaa

manana

omistaa

manao

tehdä

mizovy

olla

mijoro

seisoa

mihazakazaka

juosta

misintona

vetää

manary

heittää

lavo

kaatua

mandry

maata

miandry

odottaa

mitondra

kantaa

mipetraka

istua

miakanjo

pukeutua

matory

nukkua

mifoha

herätä

mijery

katsoa

mitomany

itkeä

fahatapahan'ny lalan-dra

silittää

fiogo

kammata

miresaka

puhua

mahay

ymmärtää

milaza

kysyä

mihaino

kuunnella

misotro

juoda

mihinana

syödä

mandamina

siivota

mitia

rakastaa

mahandro

keittää

mamily

ajaa

lalitra

lentää

miandriaka

purjehtia

mikajy

laskea

mamaky

lukea

mianatra

oppia

miasa

työskennellä

mivady

mennä naimisiin

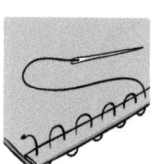

manjaitra

ommella

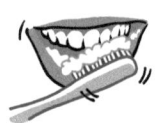

miborosy nify

pestä hampaat

mamono

tappaa

mifoka

tupakoida

mandefa

lähettää

renibe
mummo

dadabe
ukki

ray
isä

reny
äiti

zaza
vauva

zanaka vavy
tytär

zanaka lahy
poika

vahiny

vieras

nenitoa

täti

dadatoa

setä

rahalahy

veli

rahavavy

sisko

vatana
vartalo

handrina
otsa
maso
silmä
soroka
olkapää
rantsan-tànana
sormet
tarehy
kasvot
saoka
leuka
tànana
käsi
ranjo
jalka
nono
rinta
sandry
käsivarsi

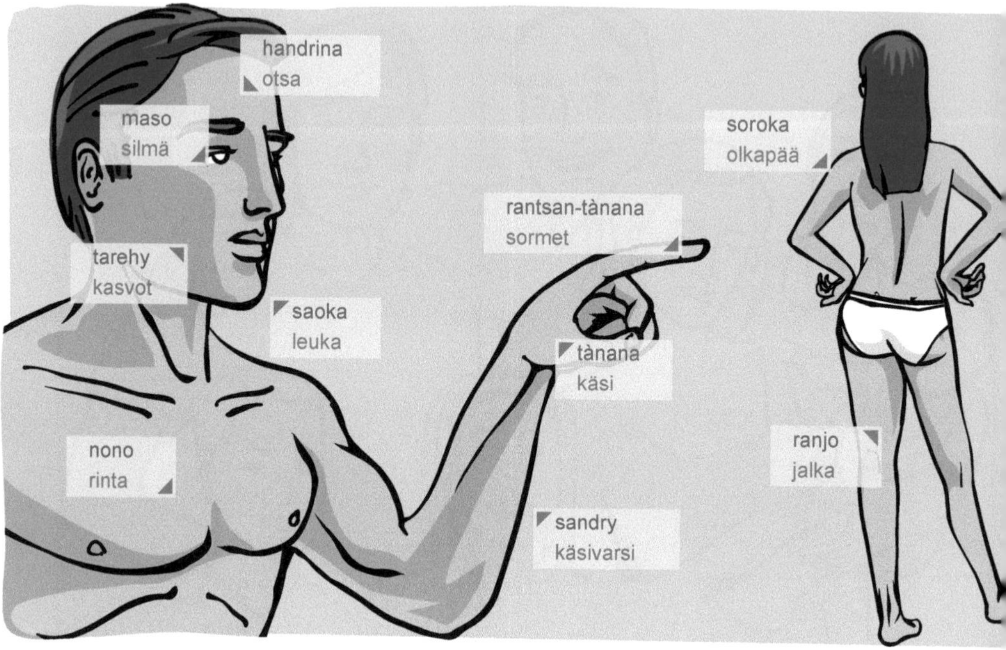

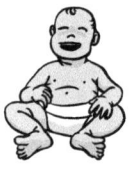

zaza
vauva

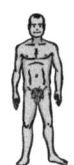

lehilahy
mies

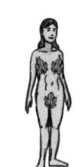

vehivavy
nainen

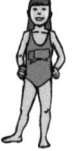

vavy
tyttö

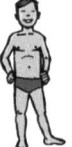

lahy
poika

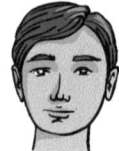

loha
pää

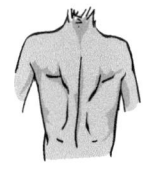

lamosina

selkä

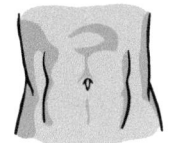

kibo

maha

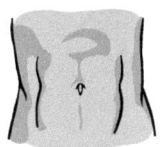

foitra

napa

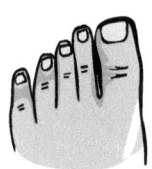

rantsan-tongotra

varvas

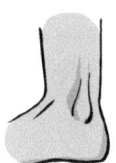

voditongotra

kantapää

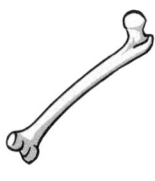

taolana

luu

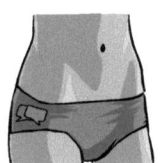

valahana

lantio

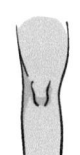

lohalika

polvi

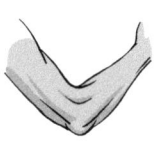

kiho

kyynärpää

orona

nenä

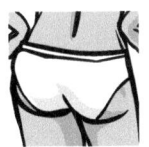

vody

takapuoli

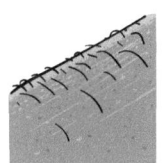

hoditra

iho

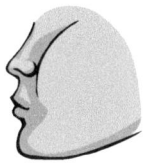

takolaka

poski

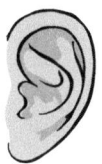

sofina

korva

molotra

huuli

vatana - vartalo

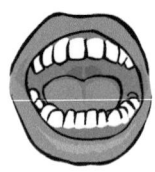

vava

suu

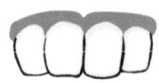

nify

hammas

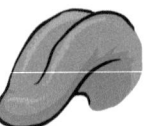

lela

kieli

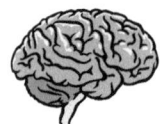

saina

aivot

fo

sydän

ozatra

lihas

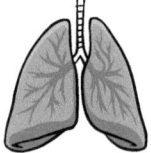

havokavoka

keuhkot

aty

maksa

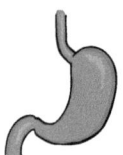

vavony

vatsa

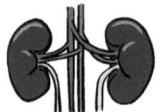

voa

munuaiset

firaisana ara-nofo

seksi

fimailo

kondomi

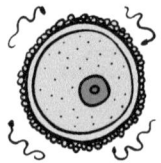

tsirivavy

munasolu

ranonaina

sperma

vohoka

raskaus

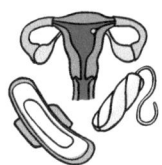

fadimbolana
kuukautiset

fivaviana
vagina

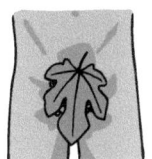

filahiana
penis

volomaso
kulmakarvat

volo
hiukset

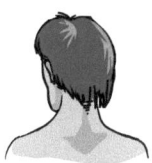

tenda
niska

hopitaly
sairaala

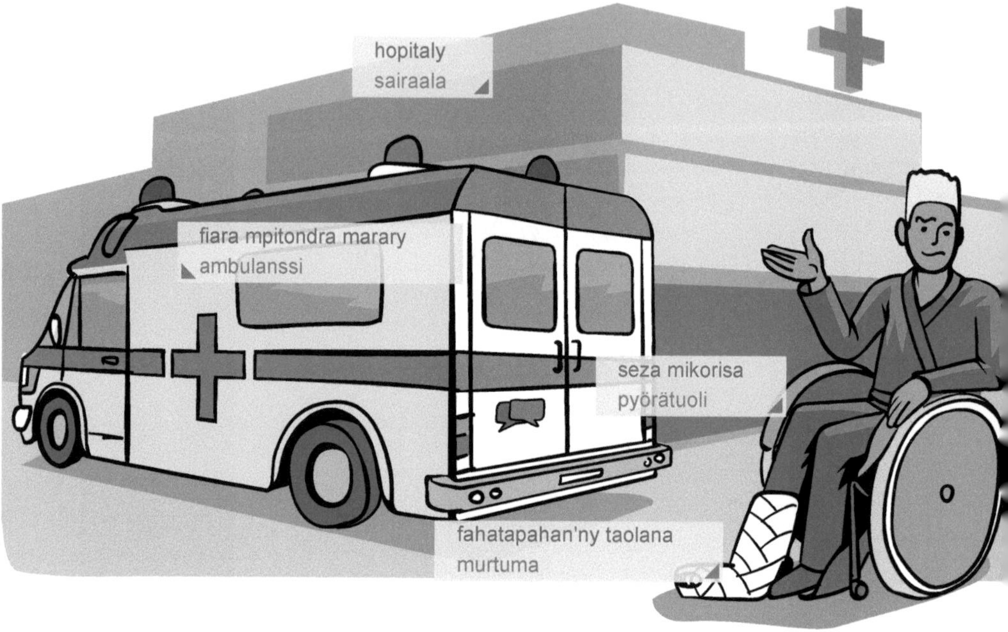

hopitaly
sairaala
fiara mpitondra marary
ambulanssi
seza mikorisa
pyörätuoli
fahatapahan'ny taolana
murtuma

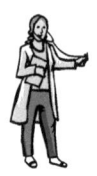

dokotera
lääkäri

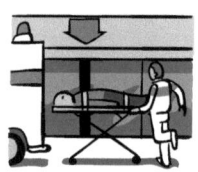

efitra vonjy taitra
ensiapu

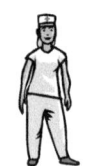

mpitsabo mpanampy
sairaanhoitaja

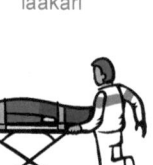

vonjy taitra
hätätilanne

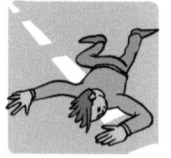

tsy mahatsiaro tena
tajuton

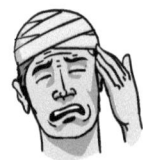

fanaintainana
kipu

faharatràna

vamma

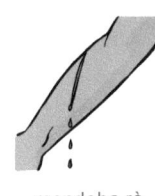

mandeha rà

verenvuoto

aretim-po

sydänkohtaus

hatapahan'ny lalan-dra

aivoinfarkti

tsy fahazakana sakafo

allergia

kohaka

yskä

tazo

kuume

gripa

flunssa

fivalanana

ripuli

aretin'an-doha

päänsärky

homamiadana

syöpä

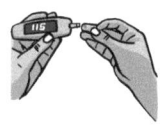

diabeta

diabetes

dokotera mpandidy

kirurgi

antsy fandidiana

veitsi

fandidiana

leikkaus

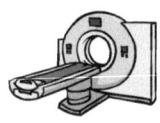

TC
....
ct

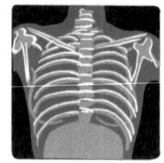

taratra X
....
röntgen

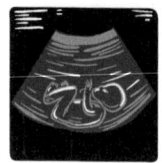

ekôgrafia
....
ultraääni

saron-tava
....
maski

aretina
....
sairaus

efitrano fiandrasana
....
odotushuone

tehina
....
sauva

taha fery
....
laastari

bandy
....
side

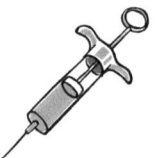

tsindrona
....
pistos

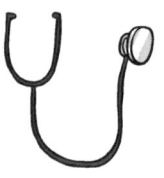

stetoskopy
....
stetoskooppi

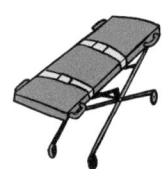

filanjana marary
....
paarit

fitaovana fitsapana
hafanana
....
kuumemittari

fahaterahana
....
syntymä

hatavezana tafahoatra
....
ylipaino

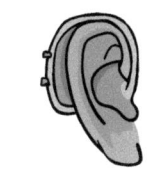

taovana fandrenesana

kuulolaite

famonoana mikraoba

desinfiointiaine

fifindràna aretina

infektio

viriosy

virus

VIH / SIDA

HIV / AIDS

fitsaboana

lääke

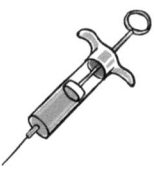

vaksiny

rokotus

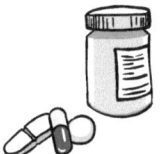

pilina

tabletit

pilina

pilleri

antso vonjy taitra

hätäpuhelu

fitaovana fitsapana tosi-drà

verenpainemittari

marary / salama

sairas / terve

Vonjeo! Apua!	 antso fanairana hälytys	 herisetra ryöstö
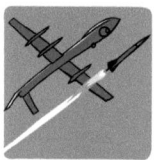 vono hyökkäys	 loza vaara	 fivoahana raha misy loza hätäuloskäynti
Afo! Tulipalo!	 fitaovam-pamonoana afo palosammutin	 loza onnettomuus
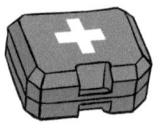 fitaovam-pitsaboana vonjimaika ensiapulaukku	 SOS SOS	 pôlisy poliisilaitos

Eoropa

Eurooppa

Amerika avaratra

Pohjois-Amerikka

Amerika atsimo

Etelä-Amerikka

Afrika

Afrikka

Azia

Aasia

Aostralia

Australia

Atlantika

Atlantin valtameri

Pasifika

Tyynimeri

Ranomasimbe Indiana

Intian valtameri

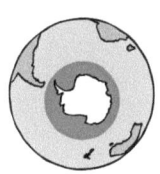

Oseana Antarktika

Eteläinen jäämeri

Oseana Arktika

Pohjoinen jäämeri

Tendrotany avaratra

pohjoisnapa

Tendrotany atsimo

etelänapa

Antarktika

Antarktis

tany

maa

tany

maa

ranomasina

meri

nosy

saari

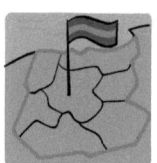

tanindrazana

kansa

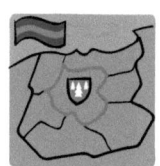

firenena

osavaltio

ora

kello

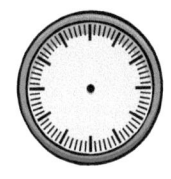

avam-pamantaranandro

kellotaulu

tondro ora

tuntiviisari

tondro minitra

minuuttiviisari

tondro segondra

sekuntiviisari

Amin'ny firy izao?

Paljonko kello on?

andro

päivä

fotoana

aika

izao

nyt

famantaranandro niomerika

digitaalikello

minitra

minuutti

ora

tunti

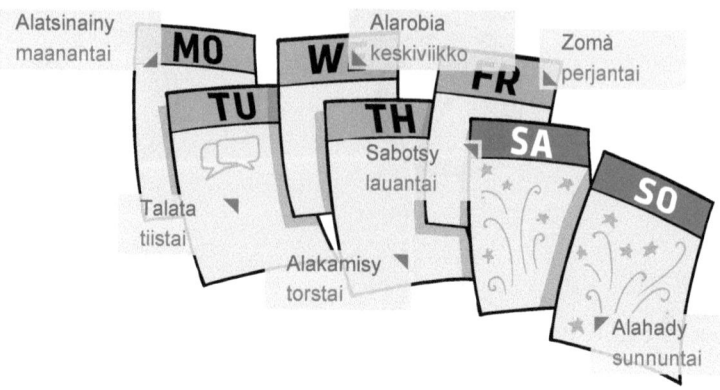

Alatsinainy
maanantai

MO

W keskiviikko
Alarobia

Zomà
perjantai

TU

TH

SA

SO

Sabotsy
lauantai

Talata
tiistai

Alakamisy
torstai

Alahady
sunnuntai

omaly
....
eilen

androany
....
tänään

ampitso
....
huomenna

maraina
....
aamu

atoandro
....
keskipäivä

hariva
....
ilta

MO	TU	WE	TH	FR	SA	SU
1	2	3	4	5	6	7
8	9	10	11	12	13	14
15	16	17	18	19	20	21
22	23	24	25	26	27	28
29	30	31	1	2	3	4

adro fiasàna
....
työpäivät

MO	TU	WE	TH	FR	SA	SU
1	2	3	4	5	6	7
8	9	10	11	12	13	14
15	16	17	18	19	20	21
22	23	24	25	26	27	28
29	30	31	1	2	3	4

faran'ny herinandro
....
viikonloppu

orana
sade

avana
sateenkaari

ranomandry
lumi

rivotra
tuuli

lohataona
kevät

fararano
syksy

vanin-taona maina
kesä

ririnina
talvi

4.APRIL	11°	☀
5.APRIL	4°	🌧
6.APRIL	13°	🌧
7.APRIL	8°	☀
8.APRIL	10°	☀

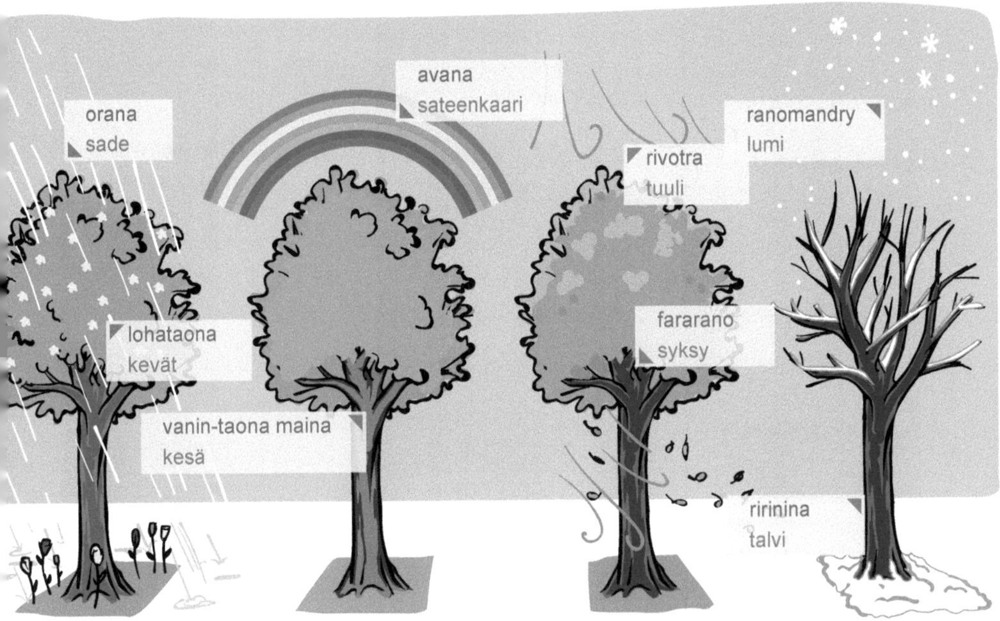

vinavina ara-toetrandro

sääennuste

thermomètre

lämpömittari

tara-masoandro

auringonpaiste

rahona

pilvi

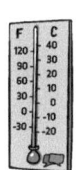

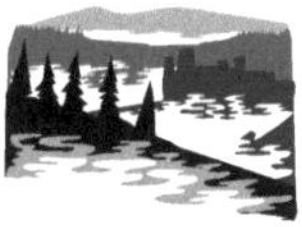

zavona

sumu

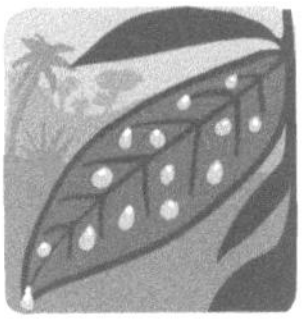

hamandoana

ilmankosteus

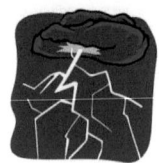

tselatra
....
salama

kotroka
....
ukkonen

tafio-drivotra
....
myrsky

havandra
....
rae

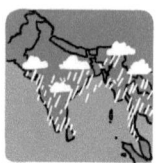

fahavaratra
....
monsuuni

tondra-drano
....
tulva

vaingan-drano
....
jää

Janoary
....
tammikuu

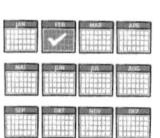

Febroary
....
helmikuu

Martsa
....
maaliskuu

Avrila
....
huhtikuu

Mey
....
toukokuu

Jiona
....
kesäkuu

Jolay
....
heinäkuu

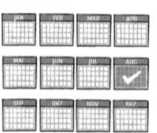

Aogositra
....
elokuu

Septambra

syyskuu

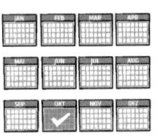

Oktobra

lokakuu

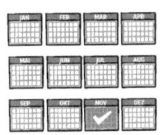

Novambra

marraskuu

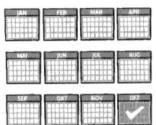

Desambra

joulukuu

boribory

ympyrä

efamira

neliö

efajoro

suorakulmio

telozoro

kolmio

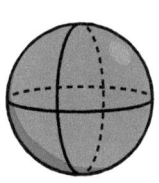

bola

pallo

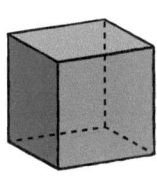

goba

kuutio

fotsy

valkoinen

mavo

keltainen

laoranjy

oranssi

mavokely

vaaleanpunainen

mena

punainen

voloparasy

violetti

manga

sininen

maitso

vihreä

volotany

ruskea

volondavenona

harmaa

mainty

musta

betsaka / vitsy

paljon / vähän

tezitra / tony

vihainen / ystävällinen

tsara / ratsy

kaunis / ruma

fiandohana / fiafarana

alku / loppu

lehibe / kely

suuri / pieni

mazava / maloka

vaalea / tumma

rahalahy / rahavavy

veli / sisko

madio / maloto

puhdas / likainen

feno / banga

täydellinen / epätäydellinen

andro / alina

päivä / yö

maty / velona

kuollut / elävä

malalaka / tery

leveä / kapea

azo hanina / tsy fihinana
....
syötävä / syömäkelvoton

tsivalahara / tsara fanahy
....
paha / kiltti

endratra / sorena
....
innostunut / tylsistynyt

matavy / mahia
....
lihava / laiha

voalohany / farany
....
ensimmäinen / viimeinen

mpinamana / mpifahavalo
....
ystävä / vihollinen

feno / foana
....
täysi / tyhjä

mafy / malefaka
....
kova / pehmeä

mavesatra / maivana
....
painava / kevyt

noana / mangetaheta
....
nälkä / jano

marary / salama
....
sairas / terve

tsy ara-dalàna / ara-dalàna

....
laiton / laillinen

mahay / vendrana
....
älykäs / tyhmä

havia / havanana
....
vasen / oikea

akaiky / lavitra
....
lähellä / kaukana

vaovao / tranainy

uusi / käytetty

tsy misy / misy

ei mitään / jotain

antitra / tanora

vanha / nuori

mandeha / maty

päällä / pois päältä

mivoha / mihidy

auki / kiinni

mangina / mitabataba

hiljainen / äänekäs

hanankarena / mahantra

rikas / köyhä

marina / diso

oikein / väärin

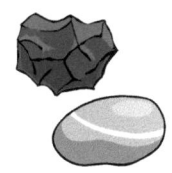

marokoroko / malama

karhea / sileä

malahelo / faly

surullinen / iloinen

fohy / lava

lyhyt / pitkä

mora / faingana

hidas / nopea

mando / maina

märkä / kuiva

mafana / mangatsiaka

lämmin / viileä

ady / fahalemana

sota / rauha

0	**1**	**2**
aotra	iray	roa
nolla	yksi	kaksi

3	**4**	**5**
telo	efatra	dimy
kolme	neljä	viisi

6	**7**	**8**
enina	fito	valo
kuusi	seitsemän	kahdeksan

9	**10**	**11**
sivy	folo	iraikambinifolo
yhdeksän	kymmenen	yksitoista

12

roambinifolo

kaksitoista

13

teloambinifolo

kolmetoista

14

efatrambinifolo

neljätoista

15

dimiambinifolo

viisitoista

16

eninambinifolo

kuusitoista

17

fitoambinifolo

seitsemäntoista

18

valoambinifolo

kahdeksantoista

19

siviambinifolo

yhdeksäntoista

20

roapolo

kaksikymmentä

100

zato

sata

1.000

arivo

tuhat

1.000.000

tapitrisa

miljoona

Anglisy

englanti

Anglisy amerikana

amerikanenglanti

Fiteny sinoa mandarina

mandariinikiina

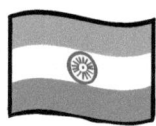

Hindi

hindi

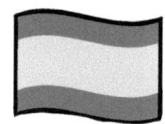

Espaniola

espanja

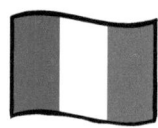

Frantsay

ranska

Fiteny arabo

arabia

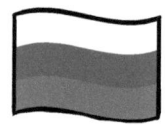

Fiteny rosiana

venäjä

Portogey

portugali

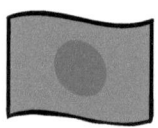

Bengaly

bengali

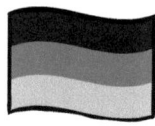

Alemà

saksa

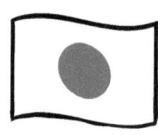

Japoney

japani

izaho

minä

ianao

sinä

izy / io

hän

isika

me

ianao

te

zareo

he

iza?

kuka?

inona?

mitä / mikä?

ahoana?

miten?

aiza?

missä?

oviana?

milloin?

anarana

nimi

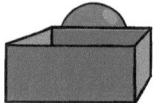

aorina

takana

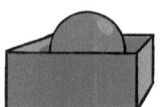

anaty

sisällä

anoloana

edessä

any

yläpuolella

ambony

päällä

ambany

alapuolella

ankila

vieressä

afovoany

välissä

toerana

paikka